Arthur Humphrys Foord

Über die Orthoceren des Kohlenkalks von Irland und über eine neue und merkwürdige nautilusähnliche Schale aus demselben Horizont

Arthur Humphrys Foord

Über die Orthoceren des Kohlenkalks von Irland und über eine neue und merkwürdige nautilusähnliche Schale aus demselben Horizont

ISBN/EAN: 9783743498921

Hergestellt in Europa, USA, Kanada, Australien, Japan

Cover: Foto ©Andreas Hilbeck / pixelio.de

Manufactured and distributed by brebook publishing software (www.brebook.com)

Arthur Humphrys Foord

Über die Orthoceren des Kohlenkalks von Irland und über eine neue und merkwürdige nautilusähnliche Schale aus demselben Horizont

Ueber die
Orthoceren des Kohlenkalks (Carboniferous Limestone) von Irland

und über

eine neue und merkwürdige nautilusähnliche Schale aus demselben Horizont.

canthonautilus n. S. Spinous nautilian shell

Inaugural-Dissertation

zur

Erlangung der Doktorwürde

der

Hohen Philosophischen Fakultät II. Sect.

der

Kgl. bayer. Ludwig-Maximilians-Universität zu München

vorgelegt von

Arthur H. Foord,

Fellow of the Geological Society of London, and formerly of the Geological Survey of Canada.

München, 1896.

Buchdruckerei Kastner & Lossen Finkenstrasse 2

Ueber die
Orthoceren des Kohlenkalks (Carboniferous Limestone) von Irland

und über

eine neue und merkwürdige nautilusähnliche Schale aus demselben Horizont.

Inaugural-Dissertation

zur

Erlangung der Doktorwürde

der

Hohen Philosophischen Fakultät II. Sect.

der

Kgl. bayer. Ludwig-Maximilians-Universität zu München

vorgelegt von

Arthur H. Foord,

Fellow of the Geological Society of London, and formerly of the
Geological Survey of Canada.

München, 1896.

Buchdruckerei Kastner & Lossen Finkenstrasse 2

I. Ueber die Orthoceren des Kohlenkalks (Carboniferous Limestone) von Irland.

1. Einleitung.

Die Aufeinanderfolge der Sedimentärformationen in Irland unterscheidet sich von derjenigen Englands und Schottlands durch das fast vollkommene Fehlen der mesozoischen Formationsgruppe. Die permische Formation, Trias und Lias kommen nur spärlich vor, während der Dogger gar nicht vorhanden ist. Das Cambrium, Untersilur (Ordovician Englands), Devon (Old-red-sandstone-Fazies) und das Carbon sind reich entwickelt, besonders das letztgenannte, welches die grosse Ebene im centralen Teile der Insel einnimmt. Die Kreideformation, das Miocän, Pliocän und Postpliocän treten im nordöstlichen Teile Irlands auf; die erstgenannte ist überlagert und meist verdeckt von einem ausgedehnten Plateau tertiärer basaltischer Lava. Das Fehlen eines so grossen Teiles der mesozoischen Formationsgruppe ist wahrscheinlich vielmehr der Thatsache zuzuschreiben, dass dieser Teil in Irland nicht abgelagert wurde, als dem Grunde, dass die genannten Ablagerungen durch Denudation zerstört und abgetragen worden wären. Man kann daher annehmen, dass während der mittlere Teil Englands von einem Meere bedeckt war, welches die Ablagerungen der mesozoischen Formationsgruppe bedingte, der grössere Teil Irlands um diese Zeit und bereits vom Abschluss der Kohlenformation an, als Landmasse aus dem Meere emporragte.

Die Ablagerungen der Steinkohlenformation nehmen fast die Hälfte des ganzen Flächenraumes des Landes ein und

5. „Yoredale"-Schichten — schieferthonartig mit dünnen Schichten dunklen, unreinen Kalkes.
4. Oberer Kohlenkalk — Grauer dünnschichtiger Kalk mit Lagen von schwarzem Schieferthon.
3. Mittlerer Kohlenkalk oder „Calp" — Dunkel gefärbter oder schwarzer Kalk; schalig oder plattig, gelegentlich mit Sandsteinschichten wechsellagernd.
2. Unterer Kohlenkalk — Grauer oder blaugrauer Kalk, oft fossilführend.
1. Unterer Kalk-Schieferthon („Lower Limestone Shale") Dunkler kalkhaltiger Schieferthon mit Lagern von dünnem Plattenkalk.

3. Physikalische Bedingungen, unter welchen die Schichten der Steinkohlenformation in Irland abgelagert wurden.

Die Bedingungen, unter welchen diese Ablagerungen gebildet wurden, können folgendermassen kurz zusammengefasst werden. Die untersten Schichten mit einer individuenreichen Meeresfauna beweisen den Einbruch des Karbon-Meeres in das Seengebiet des Old-red-sandstone, während die darauf folgenden Kalkschichten die allmähliche Vertiefung dieses Meeres zeigen. Das Meer war während der Steinkohlenperiode überreich an wirbellosen Tieren; zahlreiche Mollusken, Korallen (darunter einige riffbildende) und eine grosse Fülle von Crinoiden trugen durch ihre Reste dazu bei, die kalkigen Sedimente zu grosser Mächtigkeit anwachsen zu lassen. Die Lager von Schieferthon und die Schichten von unreinem Kalk beweisen, dass Flüsse beträchtliche Massen von Senkstoffen dem Meere zuführten, bis endlich das Meer flacher und flacher wurde; es entstanden ausgedehnte Flussdeltas, in welchen die „Yoredale"-Schichten, Millstone-Grit und schliesslich die produktive Kohlenformation abgelagert wurden

4. Allgemeine Bemerkungen über die Orthoceren und Vergleich derselben mit verwandten Gruppen.

Die mächtige Entwicklung und weite Ausbreitung der irischen Steinkohlenformation und ihr reicher Inhalt an Fossilien haben stets diejenigen belohnt, die sie zum Gegenstande des Studiums gemacht haben, und viele bedeutende Geologen und Paläontologen haben in der mit Begeisterung unternommenen Bearbeitung des irischen Karbon reiche Erfolge gewonnen. Die Namen Griffith, M'Coy und Jukes sind die der hervorragendsten Bearbeiter dieses Gegenstandes. M'Coys klassische „Synopsis of the Carboniferous Fossils of Ireland" ist für das Studium der irischen karbonischen Fauna das unentbehrlichste Werk, während die ausgezeichnete Sammlung von Griffith, die in dem Museum für Kunst und Wissenschaft in Dublin aufbewahrt ist und welche in M'Coys „Synopsis" eingehend beschrieben wurde, zu erkennen giebt, wieviel bereits geschehen ist, die in Frage stehende Fauna zu beschreiben und zu illustrieren. In jüngerer Zeit jedoch ist wenig gethan worden, um der wissenschaftlichen Welt einen Bericht zu geben über die karbonischen Fossilien Irlands oder über eine Gruppe derselben, welche der exakteren Methode gemäss bearbeitet wäre, wie sie von der paläontologischen Forschung unserer Zeit verlangt wird. Besonders gilt dieses für die Gruppe von Fossilien, welche den Gegenstand dieser Abhandlung bildet. Wenn man die Listen der Fossilien betrachtet, die vom geologischen „Survey" und anderen irischen Autoritäten aufgeführt sind, so findet man eine kleine Zahl von Arten der Orthoceren oft wiederholt, wodurch man zu der Vermutung gelangen könnte, dass eine ausserordentliche Armut an solchen Formen im irischen Kohlenkalk herrschte. Bei erneuter Durchsicht der einzelnen Schichtglieder und des Materiales an Fossilien findet sich diese Vermutung jedoch nicht bestätigt; ich hoffe im Gegenteil zeigen zu können, dass die in Erwägung zu ziehende

Gruppe durch zahlreiche und interessante Formen vertreten ist, unter denen viele sich als neue, bisher unbeschriebene Arten erweisen. Nicht lange, nachdem ich meine Arbeit begonnen hatte, fand ich, dass, wenn nicht besondere Vorsicht angewandt wurde, die Fossilien von der harten, sie umgebenden Matrix herauszupräparieren, nichts als Bruchstücke dieser langen und geraden Schalen (wertlos zum Zwecke spezifischer Identifikation) der Lohn meiner Bemühungen waren. Diese Schwierigkeit im Sammeln und Präparieren kann wohl die kleine Anzahl von Arten erklärlich machen, die in den vorher erwähnten Listen angeführt sind.

Wie die Ammoniten, so sind die Orthoceren eine Gruppe von Cephalopoden, deren Klassifizierung ausserordentlich schwierig ist. Dies hat seinen Grund in der Thatsache, dass die mancherlei Merkmale, die zur Unterscheidung verschiedener Abteilungen (und Arten) angenommen werden können, keine sehr scharfen Grenzen ergeben, woher es fast unmöglich wird, solche Gruppen genau auseinander zu halten. Dieser Schwierigkeit ungeachtet ist der Versuch, die Orthoceren in Gruppen einzuteilen, doch gemacht worden: Nach dem spitzeren oder stumpferen Winkel, in welchem die Orthocerenschalen sich verjüngen, teilte Barrande die Orthoceren in zwei ziemlich ungleiche Hauptgruppen, die er mit den Namen *Longicones* und *Breviconcs* bezeichnete. Diesen untergeordnet nahm er 17 Untergruppen an, für deren Aufstellung die äussere Verzierung der Schale eine hervorragende Rolle spielte. Einige von diesen Unterabteilungen wurden von Hyatt (Proceed. Boston Soc. Nat. Hist. vol. XXII, 1883) zu Gattungen erhoben, doch sind dieselben nicht allgemein angenommen worden wegen der Schwierigkeit eine Grenze zwischen ihnen zu ziehen, ausgenommen in den Fällen, in welchen die zu klassifizierenden Arten sehr scharf gekennzeichnet sind.

Gehen wir für unsere Orthoceren des irischen Karbon auf Barrandes Methode der Klassifizierung zurück, so können wir unsere Arten in den folgenden Abteilungen unterbringen, welche teilweise mit den schon von Blake, Waagen und anderen angenommenen übereinstimmen:

A. Longicones.

I. Lævia. Glatte oder nur mit Zuwachslinien verzierte Schalen.
II. Annulata. Schalen mit starken Querrippen.
III. Angulata. Schalen mit starken, ziemlich weit von einander abstehenden Längsrippen.
IV. Lineata. Schalen mit feinen Quer- oder Längslinien.
V. Imbricata. Schalen mit feinen, dachziegelförmig übereinanderliegenden Blättern.

B. Brevicones.

Die folgende Liste enthält die in dieser Abhandlung beschriebenen Arten.

A. Longicones.

I. Gruppe Lævia.

Untergruppe **Cylindriformes**.
(Sipho cylindrisch.)

Orthoceras acre, sp. nov.
  „ *Leinsterense*, sp. nov.
    Porteri, sp. nov.
  „ *cylindraceum*, Fleming.
    Nervieuse, de Koninck.
    difficile, de Koninck.
    amabile, de Koninck.
    calamus, de Koninck.
    inopinatum? de Koninck.
    Sancti-Doulaghi, sp. nov.
    Colei, sp. nov.

Orthoceras variabile, sp. nov.
„ *Nolani*, sp. nov.
„ *venabulum*, sp. nov.
„ *perapproximatum*, sp. nov.

Untergruppe Moniliformes.
(Sipho perlschnurförmig.)
Orthoceras Hindei, sp. nov.
„ *subclavatum*, sp. nov.
„ *pilum*, sp. nov.

II. Gruppe Annulata.
Orthoceras lævigatum, Mc. Coy.

III. Gruppe Angulata.
Orthoceras Pazosianum? de Koninck.
„ *Wrightii*, Haughton.

IV. Gruppe Lineata.
Orthoceras Kildarense, sp. nov.
„ *salvum*, de Koninck.
„ *Hibernicum*, sp. nov.
„ *pulcherrimum*, sp. nov.

V. Gruppe Imbricata.
Orthoceras perellipticum, (Foord) Mc. Coy.
„ *multi-striatum*, sp. nov.
„ *Sollasi*, sp. nov.
Clanense sp. nov.

B. Brevicones.
Orthoceras perconicum, sp. nov.

Eine ziemlich bemerkenswerte Erscheinung an unseren Orthoceren besteht in der schrägen Richtung der Septa bei den aus den südlichen Distrikten Irlands stammenden

Arten, besonders bei denen von Cork. Die folgenden Arten besitzen diesen Charakter in einem hohen Grade, z. B. *Orthoceras Porteri*, *Orthoceras Hinder*, *Orthoceras acre*, *Orthoceras perellipticum*. Ich habe diese Erscheinung ausserdem nur bei einer belgischen Art vorgefunden. Wie erwartet werden kann, ist diese schräge Richtung der Septa gewöhnlich von einem mehr oder weniger randständigen Sipho begleitet; zwei Züge, welche an die Struktur der verwandten Gruppen der Actinoceratidae, Cyrtoceratidae und Poterioceratidae erinnern. Das Auftreten eines angeschwollenen, perlschnurförmigen Sipho ist ziemlich selten unter den Orthoceren; aber derselbe ist unabänderlich in den obenerwähnten Gruppen. Dieses Merkmal ist im stärksten Masse in der Actinoceras-Gruppe entwickelt, bei deren typischen Formen die Siphonalelemente sehr verwickelt werden. Der Prosipho ist mit einer Anzahl von Röhrchen versehen, die vermittels kleiner Durchbohrungen an dem Umkreis des angeschwollenen (ursprünglich membranösen) Sipho in die Luftkammern hinein reichen. Owen (Paläontologie, 1860, p. 85) war der Meinung, dass diese Röhrchen als Durchgang für die Blutgefässe zu der inneren Membran der Luftkammer dienten. Was die Thätigkeit der Anschwellungen des Sipho gewesen sein mag, ist schwer zu mutmassen; sie haben wahrscheinlich als Stützen für die zarten Röhrchen gedient, welche sie durchdrangen, und die ihrerseits geholfen haben, den Prosipho in seiner richtigen Lage zwischen den Siphonaldüten zu erhalten.

Obgleich augenscheinlich nahe mit einander verwandt, so ist es dennoch nicht zu beweisen, dass *Orthoceras* von *Cyrtoceras* abstammt oder umgekehrt, da die beiden Typen von ihrem frühesten Auftreten an streng von einander geschieden sind. Die ursprünglichsten ältesten Formen von *Cyrtoceras* haben gebogene, gewöhnlich schnell sich erweiternde Schalen, mit randständigem Sipho und mit schrägen Septen; die ältesten Formen von *Orthoceras* haben gerade oder schwachgebogene Schalen, mit cylindrischem, mehr oder weniger centralem Sipho.

In Bezug auf die Embryologie der vier hier behandelten Gruppen ist unsere Kenntnis jetzt noch zu gering, um zu gestatten, sie als ein Argument für oder gegen die Annahme von Verwandtschaftsverhältnissen zu benützen. Wenn die Embryonalblase (Protoconch) und die Anfangskammer, welche Clarke (The American Geologist, Vol. 12, August, 1893) aus Amerika beschrieb, mit Recht *Orthoceras* zuzuschreiben ist — und es giebt Gründe, über diesen Punkt zweifelhaft zu sein — so haben wir einen Beweis, der auf eine weitere Trennung von *Orthoceras* und *Actinoceras* hindeutet (wenn wir diese Gruppen zunächst in Betracht ziehen), als selbst die eigentümliche Siphonalstruktur ergeben würde. Die Embryonalblase von *Actinoceras* ist noch nicht gefunden worden; aber es kann mit ziemlicher Wahrscheinlichkeit angenommen werden, dass die Oeffnung beobachtet worden ist, durch welche der ursprüngliche Sipho aus der Embryonalblase in die Luftkammern hindurch trat. An einem Exemplare von *Poterioceras*, welches im Museum für Kunst und Wissenschaft in Dublin aufbewahrt wird, ist eine Narbe, ähnlich der beim lebenden Nautilus vorhandenen, am hinteren Ende erhalten und stellt zweifellos wie bei letzterem die verschlossene Oeffnung dar, die früher in die Embryonalblase führte. Man findet eine ähnliche Narbe bei *Cyrtoceras*. Daher gleichen sich diese beiden Gruppen (*Poterioceras* und *Cyrtoceras*) in diesem embryonalen Character während die beiden anderen Gruppen, nämlich *Orthoceras* und *Actinoceras*, in dieser Beziehung von einander abweichen.

5. Beschreibung der Arten.

A. Longicones.

I. Gruppe Laevia.

1. Untergruppe Cylindriformes.

Orthoceras acre sp. nov.

Beschreibung. Schale lang, sehr schlank, Dickenwachstum im Verhältnis von 1 : 10. Querschnitt (wenn nicht zusammengedrückt) beinahe kreisförmig. Wohnkammer für die Beschreibung zu unvollkommen erhalten. Septa, sehr schräg, sehr dichtstehend, 4—5 mm von einander entfernt. Sipho (nur am hinteren Ende sichtbar); nach der grossen Annäherung der Siphonaldüten, wie der Querschnitt zeigt, muss er cylindrisch und sehr dünn gewesen sein. Die Düten sind an einigen Stellen durch die Einwirkung der Krystallisation in den Luftkammern zusammengepresst, so dass in diesem Zustand kaum Raum genug für den Sipho wäre. Die Oberfläche des Gehäuses ist ganz glatt. Das vollkommenste Exemplar misst 28 cm Länge, der grösste Durchmesser beträgt 33 mm, der geringste 5 mm.

Verwandtschaften. Diese Art hat ziemlich viel Aehnlichkeit mit *Orthoceras Nerviense*, de Koninck, doch ist sie von dieser durch die bestimmte Schrägstellung ihrer Septa und die excentrische Lage des Sipho zu unterscheiden.

Bemerkungen. Die Luftkammern sind, wie es gewöhnlich bei allen Exemplaren von Cork der Fall ist, mit Kalkspath ausgefüllt, der die Septa und den Sipho entweder zerstört oder verzerrt hat. Der hintere Teil ist bei einem der Exemplare schräg abgestutzt. Dass dies zu Lebzeiten des Tieres geschehen war, ergiebt sich durch die Thatsache, dass die Oeffnung des Sipho durch eine sekundäre schalige Ablagerung geschlossen war, über welche die Schalenschicht ursprünglich sich erstreckte. Diese letztere ist beim Herausnehmen aus dem Gestein abgebrochen. Die Zusammenpressung vieler Exemplare macht es schwierig, die Identität derselben mit der typischen Form zu erkennen, jedoch, da dies eine Eigentümlichkeit ist, die den aus den Gesteinen des südlichen Teiles von Irland stammenden Fossilien gemeinsam ist, so kann nicht zu viel Gewicht darauf gelegt werden.

Fundort: Little Island in der Nähe der Stadt Cork.

Orthoceras Leinsterense, sp. nov.

Beschreibung. Schale ziemlich lang gestreckt, gerade, Dickenwachstum im Verhältnis von $1:7$. Querschnitt elliptisch (vielleicht teilweise durch Druck), das Verhältnis des grösseren zum kleineren Durchmesser ist $6:7$. Wohnkammer von mässiger Länge, ungefähr 12 cm, welche wahrscheinlich nicht mehr als ein Viertel der ganzen Schale darstellt, welch letztere jedoch gegen den hinteren Teil nicht vollkommen genug erhalten ist, um Anhalt für eine genaue Messung zu liefern. An dem Steinkern der Wohnkammer ist eine deutliche Einschnürung gerade unter der Mundöffnung der letzteren zu beobachten. Diese Einschnürung ist nur zu sehen, wenn die Schalen auf natürliche oder künstliche Weise entfernt worden sind. Der Rand der Mundöffnung ist an einer Stelle erhalten. Septa etwas schräg; in dem jüngeren Teil der Schale in sehr geringen Abständen, wodurch die Kammern hier sehr flach werden, die Tiefe der Kammern beträgt weniger als ein Fünftel ihres Durchmessers. Sie erweitern sich jedoch schnell, je näher sie der Wohnkammer kommen, so dass innerhalb eines Raumes von 7,5 cm ihr Abstand von einander sich beinahe verdoppelt hat. Sipho (wie durch die Siphonaldüten bestimmt) excentrisch, wahrscheinlich cylindrisch in einer Entfernung von $^3/_8$ der Durchmesserlinie von der Schale entfernt liegend. Die Röhre selbst ist jedoch bei dem Vorgang der Krystallisation zerstört worden, welche innerhalb der Luftkammern, die mit Kalkspath angefüllt sind, stattgefunden hat. Durch Kalkspath sind ebenfalls die Septa in dem unteren Teile der Schale aus ihrer Lage verdrängt worden. Die Schale ist ziemlich dick, besonders an der Wohnkammer; ihre Oberfläche ist mit schwachen Anwachslinien versehen, welche auf der Wohnkammer deutlicher als auf der übrigen Schale sind. Nichtsdestoweniger kann die Schale als wesentlich glatt betrachtet werden. Die Länge des grössten Exemplars beträgt 34,75 cm; aber ein beträchtliches Stück des hinteren Teiles ist abgebrochen. Der grösste Durchmesser ist 6,2 cm, der kleinste 3 cm.

Verwandtschaften. Die Beziehungen zu *Orthoceras variabile* sind in der Beschreibung dieser letzteren Art erörtert. Ich kann keine andere Art finden, mit der sie verglichen werden könnte.

Bemerkungen. Das beachtenswerteste Merkmal bei dieser Art ist der schnelle Uebergang von den dichtstehenden Septen im hinteren und mittleren Teil der Schale zu den in weiten Abständen auftretenden Septen gegen die Wohnkammer hin.

Fundort. Clane, County of Kildare.

Orthoceras Porteri, sp. nov.

Beschreibung. Schale lang gestreckt, schlank anwachsend im Verhältnis von 1:9. Querschnitt elliptisch, Verhältnis der Durchmesser 43:30. Wohnkammer scheinbar von mässiger Grösse, aber ihr Verhältnis zur ganzen Schale kann nicht genau angegeben werden, da kein Exemplar in der ganzen Sammlung hinreichend vollkommen erhalten ist, um hierüber Aufschluss zu geben; sie muss jedoch weniger als ein Drittel der Länge einnehmen. Septa in mässigen Abständen aufeinander folgend, schräg; 8 mm von einander entfernt, wo die Schale einen Durchmesser von ungefähr 35 mm hat. Sipho cylindrisch, ziemlich weit, dem Anscheine nach central liegend. Schale vollkommen glatt. Die Grösse eines zusammengedrückten Exemplares dieser Art, welches nur bis zur Basis der Wohnkammer erhalten ist und an dem etwas von dem hinteren Teile fehlt, beläuft sich auf 27 cm, der Durchmesser am vorderen Ende ist 35 mm, der am hinteren 13 mm. Die Wohnkammer eines anderen Exemplares hat vorn einen Durchmesser von 43 mm, hinten einen solchen von 36 mm.

Verwandtschaften. Die grösseren Abstände der Septa, das langsame Dickenwachstum und der cylindrische Sipho trennen diese Art von *Orthoceras subclavatum*. Ich kenne keine andere Art, mit der ich die vorliegende vergleichen könnte. Von *Orthoceras multi-striatum* ist sie durch ihre glatte Schale verschieden.

Bemerkungen. Krystallisation hat innerhalb der Luftkammern entweder gänzliche Zerstörung der Septa und des Sipho oder ihre Verzerrung und Verschiebung in grösserer oder geringerer Ausdehnung verursacht.

Fundort. Little Island, in der Nähe der Stadt Cork.

Orthoceras cylindraceum, Fleming.

Orthocera cylindracea Flem. Ann. Phil. Vol V p. 202, pl. 31, Fig. 3 (non Sowerby).

Orthoceras cylindraceum Foord, Catalogue of Fossil Cephalopoda (British Museum) 1888, Vol. I, p. 102.

Diese von M'Coy (Synopsis Corboniferous Fossils of Ireland, 1844, p. 7) untersuchte Art lag auch mir vor, da ein oder zwei Exemplare in der Griffithschen Sammlung (Museum für Kunst und Wissenschaft, Dublin) und einige Exemplare in meiner Sammlung, die jetzt dem nämlichen Museum angehören, liegen. Es ist eine kleine Art, bemerkenswert durch die schnelle und regelmässige Aufeinanderfolge der Septa. Der Sipho ist cylindrisch und central, die Schale glatt.

Orthoceras Nerviense, de Koninck.

Orthoceras Nerviense, de Koninck, Faune du Calcaire Carbonifère de la Belgique, deuxième partie, 1880, p. 57, pl. XI., Figs. 2, 3.

Nur ein Exemplar (am hinteren Teil unvollkommen) dieser Art ist bis jetzt gefunden worden. Die charakteristischen Merkmale sind mit Sicherheit zu beobachten und ich bin nicht im Zweifel über die Identität des Stückes mit der obigen Art. Mein Exemplar stammt von St. Doulagh's in der Nähe von Dublin.

Orthoceras difficile ? de Koninck.

(*Orthoceras difficile* de Koninck, Faune du Calcaire Carbonifère de la Belgique, deuxième partie, 1880, p. 74 pl. XXXVIII, Fig. 1.)

Zwei Exemplare, von denen das eine aus einem Teile der Wohnkammer, das andere ausserdem noch aus einem beträchtlichen Teil der Schale mit den Septen besteht, wurden in St. Doulagh's, in der Nähe von Dublin, gesammelt.

Orthoceras amabile ? de Koninck.

(*Orthoceras amabile*, de Koninck, Faune du Calcaire Carbonifère de la Belgique, deuxième partie, 1880, p. 57, pl. XXXIX, Fig. 7, 8; pl. XL, Fig. 4; pl. XLII, Fig. 3.)

Ich identifiziere ein Exemplar von St. Doulagh's mit einigem Zweifel mit dieser Art; es stimmt am besten mit de Konincks Abbildungen auf den Tafeln XL und XLII seines Werkes überein. Fig. 7 auf Tafel XXXIX stellt eine Schale mit schnellerem Dickenwachstum dar, als bei den Abbildungen auf den anderen Tafeln oder bei meinem Exemplar zu beobachten ist.

Orthoceras calamus, de Koninck.

(? *Orthoceras inaequiseptum*, J. Phillips, Geology of Yorkshire, Part. II, 1836, p. 238, pl. XXI, Fig. 7. *Orthoceras calamus*, de Koninck, Faune du Calcaire Carbonifère de la Belgique, deuxième partie, 1880, p. 52, pl. XXXVIII, Fig. 6.)

Diese Art ist leicht erkennbar an ihrer grossen Länge und Schlankheit und an ihren verhältnismässig weitstehenden

Septen. De Konincks Zweifel über ihre Identität mit
Phillips Art ist völlig durch die von dem letzteren gegebene
sehr dürftige Beschreibung gerechtfertigt. Zwei Exemplare
sind in meinem Besitz, beide von St. Doulagh's in der
Nähe von Dublin. Das vollkommenste von diesen misst
15,5 cm Länge, 16 mm Dicke an dem weitesten und 2,5 mm
an dem engsten Ende.

Orthoceras inopinatum ? de Koninck.

Ich identifiziere ein Exemplar von Clane, County of
Kildare, mit einigem Zweifel mit dieser Art. Es stimmt mit
de Konincks Art in dem hohen Grade des Dickenwachstums
und, soweit nach der mangelhaften Abbildung derselben ge-
urteilt werden kann, in der Ausbildung der Septa überein.
Der Sipho liegt beinahe zentral und die Oberfläche der
Schale ist ganz glatt.

Orthoceras Sancti-Doulaghi. sp. nov.

Beschreibung. Schale langgestreckt, anwachsend im
Verhältnis von 1:9,5. Querschnitt bei unverdrückten Exemplaren kreisrund, doch durch Druck leicht elliptisch. Wohnkammer von mässiger Länge, doch da sie nur mit einem Bruchstück des gekammerten Teiles der Schale erhalten ist, so kann
ihr Verhältnis zu der ganzen Länge der Schale nicht bestimmt werden. Die Mundöffnung hat einen wellenförmigen
Rand; am Steinkerne der Wohnkammer ist eine Einschnürung
zu beobachten. Septa sehr zahlreich, in einer Erstreckung
von 18 cm Schalenlänge sehr wenig in ihren Abständen von
einander variierend, wellenförmig. Sipho dünn, cylindrisch,
zentral. Schale glatt. Das grösste Exemplar (ein Steinkern
an beiden Enden unvollkommen erhalten) hat eine Länge
von 24 cm, der grösste Durchmesser beträgt 38 mm, der
kleinste 13 mm.

Verwandtschaften. In der allgemeinen Form, in
der Zahl der Septa und in der Lage des Sipho gleicht die

vorliegende Art *Orthoceras inopinatum* de Koninck (Calc. Carb. Belg. p. 63, pl. XL), aber letztere Art nimmt schneller an Dicke zu und hat zahlreichere Septa. Von *Orthoceras Verneuse* de Koninck ist sie durch viel weiter stehende Septa verschieden.

Bemerkungen. Das hervorragendste Merkmal dieser Art besteht in der grossen Regelmässigkeit und Gleichheit der Septa. Die unbedeutende Ellipticität des ausgewachsenen Teiles der Schale ist ein ziemlich gewöhnlicher Charakter bei geradschaligen Orthoceren. Der hintere Teil aller solcher Schalen ist gewöhnlich entschieden kreisrund oder weniger elliptisch als der vordere Teil. Normaler, oder was allem Ansicheine nach normaler elliptischer Querschnitt ist, wird hier nur gemeint, nicht ein solcher, der erwiesener Massen durch Druck verursacht worden ist, wie er bei den meisten Arten von Cork und Umgegend oder, wo ausgedehnte „cleavage" der Gesteine stattgefunden hat, beobachtet werden kann.

Fundort. St. Doulagh's, in der Nähe von Dublin.

Orthoceras Colei sp. nov.

Beschreibung. Schale langgestreckt, Dickenwachstum im Verhältnis von ungefähr 1:6. Querschnitt in normalem Zustande kreisrund, aber durch Druck elliptisch, wie durch die Verzerrung der Septa an den Seiten bewiesen ist. Wohnkammer bei einem ca. 60 cm messenden Exemplar ungefähr 15,5 cm lang, d. h. ungefähr ein Viertel der ganzen Länge der Schale. Das Exemplar ist fast bis zum hintersten Teile erhalten, doch fehlt ein Stück desselben, welches ungefähr 8 cm gemessen haben muss; dieses fehlende Stück ist hinzugefügt worden, um die ganze Länge — 60 cm — zu berechnen. Auf dem Steinkern der Wohnkammer unter der Mundöffnung befindet sich eine deutliche Einschnürung, welche wie gewöhnlich, durch eine Verdickung der Schale, wenn diese letztere vorhanden, verdeckt ist. Septa sehr tief konkav, ungefähr ein Drittel des längeren nicht zusammengedrückten Durchmessers der Schale von einander entfernt. Sipho cylindrisch, weit, das heisst $^1/_8$ bis $^1/_9$ des Durchmessers der Schale nahe der Wohnkammer, excentrisch, ungefähr in der Entfernung von $^2/_5$ auf dem längeren Durchmesser der Schale liegend. (Diese Massangabe gilt für die Mitte der Röhre.) Schale glatt. Die Länge des grössten Exemplars beträgt etwa 60 cm; der grösste Durchmesser desselben fast 6,8 cm, der kleinste 6 mm.

Verwandtschaften. Die einzige Form, mit der ich die vorliegende vergleichen kann, ist diejenige, die ich *O. Leinsterense* genannt habe, doch sind die beiden Arten sehr leicht zu unterscheiden. Bei der letztgenannten sind die Septa in dem jungen und mittleren Teile der Schale auffallend dicht stehend, bei *O. Colei* andererseits liegen die Septa in mehr regelmässigen Abständen, ihre Entfernung von einander nimmt allmählich mit dem Wachsen der Schale zu. Das Dickenwachstum bei der vorliegenden Art ist auch grösser als bei *O. Leinsterense*.

Bemerkungen. Nur zwei oder drei Exemplare dieser Art sind aufgefunden worden; allein ihre Merkmale sind genügend, um sie von irgend einer bisher beschriebenen Art zu unterscheiden.

Fundort. Clane, County of Kildare.

Orthoceras variabile, sp. nov.

Beschreibung. Schale mässig gestreckt; ziemlich schnell anwachsend im Verhältnis von 1 : 6. Querschnitt elliptisch, das Verhältnis der beiden Durchmesser 55 zu 47. Wohnkammer leicht angeschwollen, der vordere Theil ist nicht erhalten, daher kann ihre Länge im Verhältnis zur ganzen Schale nicht berechnet werden. Septa ausserordentlich zahlreich im hinteren und mittleren Teile der Schale; der Abstand derselben nimmt allmählich an Weite zu, bis die Wohnkammer erreicht ist, so dass bei einem Durchmesser der Schale von 15 mm die Septa 3 mm von einander entfernt sind, bei 30 mm Durchmesser sind sie 5 mm von einander entfernt, während die beiden letzten Septa 10 mm von einander abstehen. Die bei einem Längsschnitt beobachteten Septa sind durch Ausfüllung der Kammern mit Mineralsubstanzen ein wenig aus ihrer Lage verschoben worden; dennoch bewahren sie im ganzen ihre normale Form. Sipho cylindrisch ziemlich weit, beinahe gänzlich durch Krystallisation zerstört. Schale glatt. Die Länge des einzigen, gefundenen Exemplares ist ungefähr 36 cm. Der Durchmesser der Basis der Wohnkammer 5,5 cm, der des hinteren Theiles 12 mm.

Verwandtschaften. Diese Art ist sichtlich verwandt mit *O. Leinsterense*, von der sie jedoch durch den höheren Grad des Dickenwachstums und die dichteren Septa verschieden ist. Durch ihre sehr zahlreichen Septen ist sie auch mit de Konincks *O. princeps* zu vergleichen, doch hat die letztere Art weit stärkeres Dickenwachstum.

Bemerkungen. Diese schöne Art ist selten. Ich habe nur ein Exemplar davon gefunden. Der bemerkenswerteste Charakter derselben liegt in den sehr zahlreichen Septen, welche im hohen Grade die Septenzahl der meisten Arten von *Orthoceras* übertreffen. Ihre innere Struktur ist durch Krystallisation etwas zerstört worden.

Fundort Clane, County of Kildare.

Orthoceras Nolani, sp. nov.

Beschreibung. Schale gerade, gestreckt, anwachsend im Verhältnis von 1:7. Querschnitt elliptisch, diese Form des Querschnittes ist teilweise, wenn nicht ganz, durch Druck hervorgerufen; das Verhältnis der beiden Durchmesser ist 40:32. Wohnkammer ungefähr ein Viertel der Länge der ganzen Schale einnehmend, mit einer sehr deutlichen Einschnürung unter der Mundöffnung. Septa mässig von einander entfernt, die Septendistanz beträgt 10 mm bei 32 mm Schalendurchmesser, sie wächst bis zu 15 mm bei 42 mm Schalendurchmesser. Die Luftkammern sind tief, aber nicht so tief, wie sie zu sein scheinen; denn durch das Zusammenpressen der Schale sind die Septa so nach innen gedrängt, dass ihre obere Hälfte beinahe dem Sipho parallel läuft; sonst sind die Septa gut erhalten. Die kurzen Siphonaldüten sind deutlich zu beobachten, da eine schwache Erweiterung des Sipho ihr Ende bezeichnet. Der Sipho liegt etwas excentrisch und ist von mässiger — ungefähr 4 mm — Dicke, das heisst, fast $1/8$ des Durchmessers der Schale. Diese Massangabe würde jedoch geringer sein, wäre die Schale nicht zusammengepresst. Die Oberfläche der Schale ist ganz glatt. Die Länge des grössten Exemplares beträgt 52 cm, der Durchmesser der Mundöffnung 7 cm, derjenige fast unmittelbar an der Spitze nur 5 mm.

Verwandtschaften. Diese Art hat einige Aehnlichkeit mit *Orthoceras fandum* de Koninck, doch folgen die Septa in grösseren Abständen, und das Dickenwachstum der Schale ist ein langsameres. Das von de Koninck abgebildete Exemplar (welches ich prüfte, als ich im Jahre 1893 in Brüssel war) besteht aus Teilen von zwei Individuen, die Wohnkammer gehört dem einem, der die Septa enthaltende Theil dem anderen Exemplar an. Von *Orthoceras Colei*, unterscheidet sich die vorliegende Art durch ihr langsames Anwachsen und durch den mehr zentral liegenden Sipho.

Bemerkungen. Diese Art ist durch zwei schöne Exemplare vertreten, von welchem das eine fast vollkommen erhalten ist, da ihm nur ein kleiner Theil der äussersten Spitze fehlt. Die Septa und der Sipho sind bei beiden Individuen gut erhalten, obgleich die Luftkammern mit Kalkspat gefüllt sind, der gewöhnlich diese Strukturen zerstört und im hohen Grade verzerrt.

Fundort. Clane, County of Kildare.

Orthoceras venabulum, sp. nov.

Beschreibung. Schale ziemlich lang, gerade, anwachsend im Verhältnis von 1:8. Querschnitt elliptisch, und zwar vielleicht theilweise oder ganz infolge von Druck. Wohnkammer lang, etwas weniger als ein Drittel der ganzen Länge der Schale. Septa im grösseren Teile der Schale ziemlich nahe aneinander liegend, gegen die Wohnkammer werden die Abstände weiter, die Septa sind hier — bei 5 cm Schalendurchmesser — beinahe 2 cm von einander entfernt. Die Siphonaldüten sind sehr kurz. Sipho central, cylindrisch, ziemlich weit, zwischen den Septa kaum sich erweiternd. Schalen glatt. Das grösste Exemplar hat eine Länge von 52 cm., in dieser Massangabe ist das Fehlen des kleinen Teiles an der äussersten Spitze mitberechnet. Der grösste Durchmesser ist 65 cm, der kleinste 12 mm.

Verwandtschaften. Ich kann keine Art finden, die dieser genügend ähnelt, um einen Vergleich nötig zu machen.

Bemerkungen. Das Innere der Kammern ist mit Kalkspath angefüllt, der an einigen Stellen die Septa verzerrt oder zerstört hat; der Sipho jedoch ist durch die ganze Länge des Exemplars unversehrt, und die Septa sind an vielen Stellen zu beobachten.

Fundort. Clane, County of Kildare.

Orthoceras perapproximatum, sp. nov.

Beschreibung. Schale klein, anwachsend im Verhältnis von 1:5. Querschnitt kreisrund. Wohnkammer ungefähr ein Drittel der Länge der ganzen Schale. Septa ziemlich schräg, sehr zahlreich, fast nur 2 mm von einander entfernt. Sipho cylindrisch, excentrisch. Schale mit äusserst feinen, fadenähnlichen Linien bedeckt. Ein Exemplar, an dem der grössere Teil der Wohnkammer fehlt, misst 7,5 cm

Länge, der grösste Durchmesser beträgt 16 mm, der kleinste 3 mm.

Verwandtschaften. In der engen Stellung der Septa gleicht die Art *Orthoceras cylindraceum*, Fleming, jedoch ist sie von diesem durch ihr schnelleres Dickenwachstum, die schräge Lage ihrer Septa und die Exzentrizität ihres Sipho verschieden.

Fundort. St. Doulagh's in der Nähe von Dublin.

2. Untergruppe Moniliformes.

Orthoceras Hindei, sp. nov.

Beschreibung. Schale mässig gestreckt, gerade, schnell an Dicke zunehmend. Querschnitt elliptisch, diese Form des Querschnittes ist teilweise durch Druck verursacht, da sie bei einem der Exemplare in weit geringerem Grade vorkommt. Die Durchmesser der Ellipse stehen im Verhältnis von ungefähr 45:30. Der Grad des Wachsens des grösseren Durchmessers in dem gekammerten Teile der Schale ist 1:5 geschätzt. Wohnkammer bei keinem der Exemplare vollkommen erhalten. Septa sehr konkav, schräg zur Längsachse der Schale stehend, 7 mm von einander entfernt, wo der grössere Durchmesser der Schale 27 mm beträgt. Der Sipho ist sehr schlank, perlschnurförmig, subzentral. Schale dünn und ganz glatt. Das grösste Exemplar, nur aus dem gekammerten Teile bestehend (das äusserste Ende der Spitze fehlt), hat eine Länge von 20 cm; die anderen Exemplare sind Bruchstücke.

Verwandtschaften. Ich kenne keine Art, mit welcher diese verglichen werden kann.

Bemerkungen. Diese Art ist wegen des verhältnismässig grossen Sipho und des schnellen Dickenwachstums bemerkenswert.

Fundort. Little Island in der Nähe der Stadt Cork.

Orthoceras subclavatum, sp. nov.

Beschreibung. Schale ziemlich kurz, schnell anwachsend im Verhältnis von 1:5. Querschnitt elliptisch, Verhältnis der Durchmesser 40:32. Wohnkammer beinahe ein Drittel der Länge der Schale einnehmend, etwas spindelförmig, ihre Basis steht schräg zur Längsachse der Schale. Septa schräg, sehr zahlreich, in Abständen von 4 mm, bei einem Schalendurchmesser von 25 mm. Sipho innerhalb der Luftkammern angeschwollen, was ihm ein perlschnurförmiges Aussehen verleiht. Schale ganz glatt, dünn, ihre Dicke an der Wohnkammer beträgt 1.5 mm. Die Länge der Schale beträgt 21,5 cm, der grösste Durchmesser 38 mm, der kleinste 6 mm.

Verwandtschaften. Diese Art unterscheidet sich von *Orthoceras Hindei* durch ihre schlankere Form, viel dichtere Septa und die geringere Grösse der perlschnurförmigen Teile des Sipho. Von *Orthoceras Breynii* de Koninck ist sie durch weit schnelleres Dickenwachstum und weiter von einander entfernt stehende Septa verschieden.

Bemerkungen. *Orthoceras subclavatum* ist eine sehr charakteristische Art und ist immer sehr leicht durch die schräge Stellung und die schnelle Aufeinanderfolge der Septa, wie durch den perlschnurförmigen Sipho zu erkennen.

Fundort. Little Island, in der Nähe der Stadt Cork.

Orthoceras pilum, sp. nov.

Beschreibung. Schale gerade, ziemlich schnell im Verhältnis von 1:6 anwachsend. Querschnitt elliptisch; das Verhältnis der beiden Durchmesser ist 42:30. Wohnkammer unbekannt. Septa schräg, tief konkav, ziemlich weit von einander abstehend, 7 mm entfernt, wo der Schalendurchmesser 27 mm beträgt. Sipho zentral, perlschnurförmig. Schale ganz glatt.

Verwandtschaften. Diese Art ist nahe mit *Orthoceras Hindei* verwandt, von welcher sie durch langsameres

Anwachsen und durch die schrägstehenden Septa verschieden ist. Von *Orthoceras subclavatum* unterscheidet sie sich ebenfalls durch langsameres Dickenwachstum und ferner durch ihre weiter von einander entfernten Septa.

Fundort. Clane, County of Kildare.

II. Gruppe Annulata.

Orthoceras laevigatum, M'Coy.

De Koninck, welcher diese Art gut beschrieben und abgebildet hat, macht darauf aufmerksam, dass M'Coy unterliess, die transversalen Streifen auf der Oberfläche der Schale anzugeben. Das Uebersehen dieses besonderen Merkmals war die Ursache, dass M'Coy der Art den wenig zutreffenden Namen *Orthoceras laevigatum* gab. Die Streifen sind jedoch nicht nur, wie de Koninck sie beschreibt, zwischen den Ringen vorhanden, sondern auch auf denselben. Sehr deutlich sind diese Streifen auf einem Bruchstück von Ardlaman, County of Limerick, zu sehen; es sind sehr feine, erhöhte Querlinien, etwas weniger als 1 mm von einander entfernt, so dass ungefähr acht solcher Linien den Ring und die nächste Vertiefung bedecken. Zwei Exemplare von St. Doulagh's in meiner Sammlung haben feine Längslinien, ungefähr zwei auf 1 mm. Diese Art ist oft leicht gebogen, ein Umstand, der de Koninck verleitete, seine Art auf *Cyrtoceras dactyliophorum* zu beziehen; da letztere Art in keinem anderen Merkmale von den Formen verschieden ist, welche er mit Recht mit *Orthoceras laevigatum* M'Coy identifiziert hat, so habe ich sie in die Synonymie der vorliegenden einbegriffen.

Verwandtschaften: Eine nahe verwandte Art ist *Orthoceras cyclophorum* Waagen, aus dem „Productus-Limestone" der Salt-Range (Indien), die nach zwei kleinen Bruchstücken beschrieben ist.

Fundort: Ardlaman, County of Limerick, Clane, County of Kildare und St. Doulagh's, County of Dublin.

III. Gruppe Angulata.

Orthoceras Puzosianum? de Koninck.

Beschreibung: Ein kleines 64 mm langes Bruchstück in meiner Sammlung zeigt die dieser Art eigentümliche Verzierung. Dieselbe besteht aus einer Reihe von Längsrippen, von welchen ungefähr 27 bei einem Schalendurchmesser von 13 mm die Schale bedecken. Drei ausserordentlich feine Rippen finden sich zwischen den gröberen, und noch feinere wieder zwischen den ersteren. Septa und Sipho nicht beobachtet.

Fundort: Clane, County of Kildare.

Orthoceras Wrightii, Haughton.

Diese Art ist nach einem Bruchstück bestimmt worden, welches Herr Wright so freundlich war mir zu leihen. Es misst 10,5 cm Länge; der Durchmesser des breiteren Endes beträgt 18 mm, der des dünneren 6 mm. Von der Wohnkammer ist nur ein Teil erhalten. Die Septa, welche schräge stehen, sind 3 mm von einander entfernt. Die Verzierung besteht aus 20—24 feinen Längsrippen mit ungefähr 5 feineren Rippen zwischen denselben. Diese Art ist nahe mit *Orthoceras Puzosianum* de Koninck verwandt, doch ist sie durch die grössere Anzahl von feineren Rippen davon verschieden. Nur das hier beschriebene Bruchstück ist vorhanden.

Fundort: Clonmel, County of Tipperary.

IV. Gruppe Lineata.

Orthoceras Kildarense, sp. nov.

Beschreibung. Schale klein (nach den bekannten Individuen zu urteilen), gerade, wachsend im Verhältnis von 1:6. Querschnitt kreisrund. Die abgeschätzte Länge der Wohnkammer ungefähr ein Drittel derjenigen der ganzen Schale. Septa horizontal, in ziemlich weiten Abständen von einander, bei 15 mm Schalendurchmesser fast 7 mm von einander entfernt; die Septendistanz wechselt von 6 mm bis 8 mm bei einer Schalenlänge von 32 mm. Sipho central, cylyndrisch. Schale mit ausserordentlich feinen, scharfen, fadenähnlichen Querlinien bedeckt, von denen 8 oder 9 in einem Raume von 1 mm enthalten sind; sie sind daher ohne Lupe kaum sichtbar. Die Länge des grössten Exemplars ist 70 mm, der grösste Durchmesser der Wohnkammer 23 mm.

Verwandtschaften: Diese sichere und schöne Art scheint sehr selten zu sein, nur zwei Exemplare lagen mir vor; eins davon liegt in meiner eigenen Sammlung. Die Entfernung der Septa von einander und die Art der Verzierung lässt diese Art leicht von allen anderen unterscheiden. Die nächst verwandten Arten sind die folgenden: *Orthoceras discrepans* de Koninck; die Septa stehen hier näher an einander als bei *Orthoceras Kildarense*, ausserdem unterscheidet sich die Verzierung dadurch, dass gröbere Linien mit feineren dazwischenliegenden abwechseln. Die sehr dicht stehenden Septa und die wellenförmigen Linien, mit welchen die Oberfläche der Schale verziert ist, trennen *Orthoceras conquestum*, *Orthoceras salvum* und *Orthoceras salutatum* de Koninck von *Orthoceras Kildarense*. *Orthoceras Morrisianum* (welches de Koninck als synonym mit *Orthoceras cinctum* M'Coy — nicht J. Sowerby — bezeichnet) wächst bedeutend langsamer in die Breite und hat dichter stehende Septa als *Orthoceras Kildarense*, ausserdem bleibt dort die Verzierung nicht auf der ganzen Schale die gleiche, da feinere Linien zwischen den gröberen in der Nähe der Mundöffnung auftreten.

Fundort: Clane, County of Kildare.

Orthoceras salvum, de Koninck.

Beschreibung: Schale klein, gerade, wachsend im Verhältnis von 1:10. Querschnitt schwach elliptisch. Das Verhältnis des kürzeren zum längeren Durchmesser ist wie 13:16. Ein Bruchstück der Wohnkammer zeigt auf dem

Steinkern eine leichte Einschnürung nahe der Mundöffnung. Septa zahlreich, etwas schräg, ungefähr $^1/_5$ ihres Durchmessers von einander entfernt. Sipho augenscheinlich schwach excentrisch. Schale mit ausserordentlich feinen, regelmässigen, welligen Querlinien bedeckt, von denen 8 oder 9 auf 1 mm kommen. Schwache Vertiefungen kommen in ziemlich regelmässigen Zwischenräumen vor und geben den Linien das Aussehen reihenweise aufeinander folgender Anordnung. Das vollkommenste der gesammelten Exemplare hat 72 mm Länge.

Bemerkungen: Der eigentümliche Charakter der Verzierung der Schale bei meinen Stücken macht die Identität mit der Art de Konincks zweifellos.

Fundort: Doohyle, nahe Rathkeale, County of Limerick.

Orthoceras Hibernicum, sp. nov.

Beschreibung: Schale schwach gebogen, besonders in dem hinteren Teil: zusammengedrückt, so dass der Querschnitt elliptisch ist, das Verhältnis der beiden Durchmesser ist 35 : 26. Der elliptische Querdurchschnitt kann teilweise oder sogar ganz dem Zusammenpressen der Schale zuzuschreiben sein und daher nicht die normale Form derselben darstellen. Der Grad des Dickenwachstums ist ziemlich hoch, ungefähr 1 : 4. Von der Wohnkammer ist nur ein Bruchstück vorhanden, die Grösse derselben kann daher nicht bestimmt werden. Die Septa sind auffallend zahlreich, die beiden letzten sind nur 5,5 mm von einander entfernt, während in den jüngeren Teilen der Schale die Septendistanz fast 7 mm beträgt, hiermit wird eine gewöhnliche Erscheinung in der Stellung der Septa bestätigt: dass dieselben in der Nähe der Wohnkammer in geringeren Abständen aufeinander folgen. Sipho excentrisch, von dem Mittelpunkt der Septa ungefähr um seine eigene Weite entfernt, auf der concaven Seite der Schale liegend, beträchtlich zwischen den Septa angeschwollen. Schale sehr dünn (wenigstens die äusserste Schicht). Die Verzierung der Oberfläche besteht aus zahlreichen, feinen, länglichen, parallelen, fast gleichen, geraden Streifen, von denen ungefähr 3 auf 1 mm kommen.

Verwandtschaften: In der grossen Annäherung der Septa an einander und in der Verzierung der Schale gleicht diese Art *Orthoceras pulcherrimum*, doch ist sie leicht von der letzteren durch ihr weit schnelleres Dickenwachstum und durch die excentrische Lage des Sipho zu unterscheiden. Von *Orthoceras (Actinoceras) striatum*, J. Sowerby, unterscheidet sie sich in derselben Weise.

Bemerkungen: Da nur ein Exemplar dieser Art gefunden worden ist, so ist kein Material vorhanden, um Abweichungen bei derselben zu studieren.

Fundort: Clane, County of Kildare.

Orthoceras pulcherrimum, sp. nov.

Beschreibung: Diese Art ist durch ein Bruchstück vertreten, das dem vorderen Teile der Schale entspricht, die Nähe der Mundöffnung ist mit grosser Wahrscheinlichkeit durch eine Verengerung in dieser Region angezeigt. Das Verhältnis des Dickenwachstums ist nicht grösser als 1 : 9.

Der untere Teil des Exemplars zeigt die Suturen von vier oder fünf Septa, der Rest des Bruchstücks ist mit Schale bedeckt. Die Verzierung der letzteren besteht aus einer grossen Zahl feiner, länglicher, paralleler, fast gleicher, gerader Streifen, von denen zwei oder drei den Raum von 1 mm einnehmen. Diese Streifen werden rechtwinklig von schwachen Anwachslinien gekreuzt, welche zur Bildung kleiner Knoten an den Durchschneidungspunkten der beiden verschiedenen Liniensysteme Anlass geben. Die bei einem anderen Exemplar (ebenfalls im Bruchstück) gesehenen Septa sind sehr zahlreich, nur ungefähr 5 mm von einander entfernt und in grosser Regelmässigkeit angeordnet. Der Sipho ist durch Ablagerung von Kalkspat zerstört; er war zweifellos cylindrisch. Die Siphonaldüten sind kurz und hakenähnlich rückwärts gebogen. Eine breite und flache Rinne läuft über die ganze Länge des Exemplars. An jeder Seite dieser Rinne befindet sich eine schwache Anschwellung, auf welcher die querlaufenden Anwachsstreifen deutlich hervortreten, die Längslinien sind hier kaum bemerkbar. Für die Bedeutung dieser Rinne kann ich keine Erklärung abgeben. Ich habe sie bei keiner anderen Art von *Orthoceras* gesehen.

Verwandtschaften: Bezüglich ihrer Verzierung kann diese Art wohl mit *Orthoceras (Actinoceras) striatum*, von Sowerby verglichen werden; aber damit hört die Aehnlichkeit auf. Die Septa sind bei der vorliegenden Art zweimal so zahlreich als bei Sowerbys Art, der Habitus der Schale ist weit schlanker, und der Sipho ist cylindrisch. Von *Orthoceras lineale* de Koninck (wahrscheinlich identisch mit *Orthoceras striatum*, Sowerby) ist sie durch dieselben Merkmale verschieden; letzteres hat jedoch, nach de Konincks Abbildungen zu urteilen, ein weit geringeres Dickenwachstum.

Bemerkungen: Die längsgestreiften Arten kommen augenscheinlich selten vor; während vierjährigen Sammelns in diesem Lande sind nur zwei in meine Hände gelangt, und Sowerbys *Orthoceras striatum* (von Black Rock bei Cork) ist die dritte irländische Art, welche dieses Merkmal zeigt. Aus Grossbritannien ist keine Art gleicher Verzierung bekannt.

Fundort: Clane, County of Kildare.

V. Gruppe Imbricata.

Orthoceras perellipticum, (Foord) M'Coy.

— *Orthoceras distans*, M'Coy, Synopsis Carb. Foss. Ireland. 1844. p. 7, pl. 4 (nicht Sowerby).

Beschreibung: Schale von mässiger Grösse, gerade, schnell im Verhältnis von 1:5 anwachsend. Querschnitt elliptisch (was teilweise durch das Zusammenpressen des umhüllenden Gesteines verursacht worden ist). Das Verhältnis der beiden Durchmesser bei dem typischen Exemplar ist 12 zu 8. Wohnkammer unbekannt. Septa wellenförmig, ziemlich weit von einander entfernt, in Abständen von 6 mm bei einem Durchmesser der Schale von 18 mm. Die Septenabstände nehmen bis zu 8 mm zu bei einem Durchmesser von 26 mm. Sipho cylindrisch (?), central oder beinahe central. Schale dünn, mit sehr feinen, regelmässigen, dachziegelförmig aneinandergereihten Streifen, die schräg über den grösseren Durchmesser der Schale laufen. Sechs oder sieben dieser Streifen nehmen den Raum von 1 mm ein.

Verwandtschaften: Diese Art gleicht *Orthoceras multi-striatum* ausserordentlich und ist hauptsächlich durch ihre mehr elliptische Form und ihr langsameres Wachstum verschieden. Dieser Unterschied ist bei allen Exemplaren beständig, die ich Gelegenheit hatte, genau zu prüfen, M'Coys Originalexemplar im Museum für Kunst und Wissenschaft in Dublin miteinbegriffen. Die vorliegende Art ist leicht von *Orthoceras Clanense* und *Orthoceras Sollasi* durch die weit feinere Skulptur, welche kaum mit unbewaffnetem Auge wahrgenommen werden kann, zu unterscheiden.

Bemerkungen: M'Coy erwähnt in seiner Beschreibung die Verzierung der Schale bei dieser Art nicht, obgleich sie (wenn auch undeutlich) an einem Bruchstücke der Schale des vorerwähnten Originalexemplares zu beobachten ist.

Fundort: Little Island, in der Nähe der Stadt Cork.

Orthoceras multi-striatum, sp. nov.

Beschreibung: Schale gerade, gestreckt, im Verhältnis von 1:8 bis 1:10 wachsend (an dem grösseren Durchmesser berechnet). Querschnitt elliptisch. Das Verhältnis der Durchmesser ist 30:38. Wohnkammer unvollkommen erhalten, daher kann ihr Verhältnis zur ganzen Schale nicht angegeben werden. Septa schräg zur Längsachse der Schale, 8 mm von einander entfernt bei einem Schalendurchmesser von ungefähr 25 mm. Die Siphonaldüten sind kurz und hakenförmig. Sipho cylindrisch ziemlich weit. Schale mit feinen, unregelmässig von einander abstehenden, dachziegelförmig aneinander gereihten Streifen, die Kante dieser Streifen gegen die Mundöffnung gerichtet. Ungefähr zwei dieser Streifen nehmen den Raum von 1 mm ein. Die Länge der Schale ist ungefähr 30 cm, wie die Berechnung an zwei unvollständig erhaltenen Exemplaren ergiebt.

Verwandtschaften: Diese Art ist schon mit *Orthoceras perellipticum* verglichen und ihre Beziehungen zu jener Art sind bereits besprochen worden. Es gibt keine andere Art, die einen Vergleich mit derselben zuliesse.

Fundort: Little Island, in der Nähe von der Stadt Cork.

Orthoceras Sollasi, sp. nov.

Beschreibung: Schale gerade, mässig gross, im Verhältnis von 1:8 wachsend. Querschnitt schwach elliptisch, das Verhältnis der beiden Durchmesser wie 32:37. Wohnkammer von mässiger Grösse, sie nimmt ungefähr ein Viertel der ganzen Schale ein. Der wellenförmige Rand der Mundöffnung ist an einem der Exemplare, welches dieser Beschreibung gedient hatten, zu beobachten. Darunter tritt am Steinkern eine sehr deutliche flache Vertiefung auf, die an jeder Seite der längeren Achse der Schale 10 mm unter dem Rande der Mündung liegt, von wo sie zu einer der flacheren Seiten der Schale hinunterzieht und dort einen flachen Sinus bildet. Die andere Seite der Schale ist zu sehr zerfressen, um dieses Merkmal erkennen zu lassen. Die Oberfläche des Steinkerns, soweit derselbe gut erhalten ist, zeigt die merkwürdigen feinen „Runzeln", welche die Gebrüder Sandberger unter dem Namen „Runzelschicht" (stries creuses")[1] beschrieben; aller Wahrscheinlichkeit nach stellen dieselben Zeichnungen an der Oberfläche des Mantels dar. Dieselben Zeichnungen kommen bei eingerollten Schalen der

---

[1] Die Verstein. d. Rhein. Schiefergeb. 1856.

Nautiloideengruppe vor (Coelonautilus etc.). Die Verzierung der Schale besteht aus feinen, dachziegelförmig liegenden, mit grosser Regelmässigkeit verteilten Streifen. Drei oder vier derselben nehmen den Raum von 1 mm ein; sie sind deutlich mit blossem Auge zu sehen. Das vollkommenst erhaltene Exemplar (ein Teil des hinteren Endes fehlt) misst 19 cm, der Durchmesser an der Mundöffnung beträgt 3,5 cm, der an dem hinteren Ende 13 mm.

Verwandtschaften. *Orthoceras Sollasi* ist nahe verwandt mit *Orthoceras Clanense*, und kann möglicherweise Jugendstadien dieser Art repräsentieren; aber, da ich keine Uebergangsformen besitze, um die spezifische Identität der beiden Formen zu beweisen, so habe ich es für das beste erachtet, der vorliegenden Art einstweilen einen neuen Namen zu geben und somit dieselbe vorläufig von *Orthoceras Clanense* getrennt zu halten. Die Unterschiede zwischen beiden Formen sind die folgenden (keiner derselben würde jedoch die Vermutung ausschliessen, dass beide Formen derselben Art angehören), *Orthoceras Sollasi* hat eine weit schlankere Schale und langsameres Dickenwachstum als *Orthoceras Clanense*.

Fundort. Clane, County of Kildare.

Orthoceras Clanense, sp. nov.

Beschreibung. Schale mässig lang, gerade; sie wächst im Verhältnis von ungefähr 1 : 6. Querschnitt kreisrund bei einem Bruchstück einer grossen, ausgewachsenen Schale, schwach elliptisch bei einem kleineren Stücke, die grösseren und kleineren Durchmesser des letzteren Exemplares verhalten sich beinahe wie 55 : 60. Wohnkammer schwach spindelförmig, beinahe ein Drittel der Länge der ganzen Schale einnehmend; der Rand der Mundöffnung etwas wellenförmig, wie es auch die Basis der Wohnkammer ist. Septa entschieden schräg stehend; die Suturen, wie sie auf dem Steinkern einer Schale mittlerer Grösse zu sehen sind, bilden mit der Längsachse der Schale einen Winkel von ungefähr 10°. Luftkammern sehr konkav, mässig tief, ungefähr 4mal so weit als hoch. Sipho schwach excentrisch, schwach perlschnurförmig in der jungen Schale, wie an einer natürlichen Bruchstelle des hinteren Endes eines Exemplars zu sehen ist, cylindrisch in der ausgewachsenen Schale. Schale von 0,75 bis 1,5 mm dick, am dicksten an der Wohnkammer des ausgewachsenen Tieres. Die Oberfläche mit sehr zahlreichen, feinen, dachziegelförmig angeordneten, aufwärts gerichteten Streifen versehen. Zuweilen sind die Streifen mit grosser Regelmässigkeit über eine beträchtliche Ausdehnung der äusseren Schalenschicht verteilt, während sie an anderen Stellen zusammengedrängt sind. So können an einigen Stellen der Schale vier der Streifen in dem Raum von 1 mm gezählt werden, an anderen nicht mehr als zwei, und auf der Wohnkammer einer ausgewachsenen Schale sind sie mehr als 1 mm von einander entfernt. Die Skulptur ist daher mit unbewaffnetem Auge deutlich wahrnehmbar, ausgenommen an sehr jugendlichen Schalen. Gegen die Mitte der Wohnkammer des ausgewachsenen Tieres werden die Streifen weiter von einander entfernt und verschwinden gewöhnlich, ehe sie die Mundöffnung erreichen, wo dann die Schale ganz glatt ist. An einigen Stellen wird die horizontale Richtung der Streifen plötzlich unterbrochen, indem einige von ihnen scharf nach unten gebogen sind, eine Unregelmässigkeit, die wahrscheinlich durch eine leichte Verletzung der Schale zu Lebzeiten des Tieres verursacht ist. Barrande hat die gleiche Erscheinung abgebildet (Syst. Sil. Bohême, vol. II, Tab. 283, Fig. 18). Die Länge des grössten Exemplars beträgt 25,5 cm; die Wohnkammer ist fasst vollständig erhalten, das hintere Ende der Schale ist jedoch abgebrochen, die Länge des ganzen Exemplars kann daher nicht weniger als 30 cm betragen. Der grösste Durchmesser ist 57 mm, der kleinste 22 mm. Ein grosses Bruchstück misst 22 cm Länge mit einem Durchmesser am hinteren Ende von 7 cm und am vorderen von 8,5 cm.

Verwandtschaften. Eine von de Koninck (Calc. Carb. Belg. 1880, p. 69, pl. 45, Fig. 3) Orthoceras vicinale benannte Art, von der nur ein Teil der Wohnkammer dem Verfasser bekannt war, gleicht der vorliegenden im Charakter ihrer Verzierung, welche nach meinen Brüsseler Notizen (1893) aus ziemlich groben, aufwärts gerichteten, dachziegelförmig angeordneten Streifen (bei de Koninck nicht gut abgebildet) besteht. Da dieses ein für den Vergleich mit *Orthoceras Clanense* wesentlicher Charakter ist, so scheint es mir nicht ratsam, die beiden Formen zu vereinen. De Konincks *Orthoceras Morrisianum*, welches nach Exemplaren von Visé, Belgien, beschrieben worden ist, und von welchem de Koninck behauptet, dass es auch in Rathgillen und Kilgrogan, County of Limerik, vorkommt, hat eine Verzierung, die aus sehr feinen, fadenartigen Linien besteht, die ungefähr um ihre eigene Breite von einander entfernt stehen und welche, sich gegen den oberen Teil der letzten Luftkammer in zwei bis drei feinere Linien spaltend, zwischen gröbere Streifen treten. Diese sind augenscheinlich nicht die dachziegelförmig angeordneten Streifen von *Orthoceras Clanense*. Die beiden Arten unterscheiden sich auch in der Lage des Sipho und in der Richtung der Suturen, die bei *Orthoceras Clanense* schräg, bei *Orthoceras Morrisianum* jedoch horizontal sind. Das von W. H. Baily in seinem Werke „Figures of Characteristic British Fossils" (Tafel 40, Fig. 8a, 8b) unter dem Namen *Orthoceras cinctum* abgebildete aber nicht beschriebene Exemplar kenne ich nicht aus persönlicher Anschauung; die Abbildung aber zeigt eine Form mit langsamerem Dickenwachstum und dichter stehenden Septen als *Orthoceras Clanense*. Bailys Art stammt von Kilgrogan, daher ist sie wahrscheinlich mit *Orthoceras Morrisianum* identisch. *Orthoceras Clanense* ist augen-

---

[1]) *Orthoceras Morrisianum* prüfte ich im Brüsseler Museum; ausserdem befindet sich auch ein Bruchstück von Kilgrogan in der Sammlung des Geological Survey of Ireland.

scheinlich nicht selten; ich habe sechs Exemplare in meiner Sammlung, ich fand sie aber sonst in anderen Sammlungen nicht. Die Art, mit der *Orthoceras Clanense* die meiste Aehnlichkeit hat, ist *Orthoceras Sollasi*. Die letztere hat eine ähnliche Verzierung, doch ist sie von schlankerer Gestalt mit langsamerem Dickenwachstum; die Septen sind dort horizontal anstatt schräg. *Orthoceras multi-striatum* und *Orthoceras perellipticum* (Foord) M'Coy sind beide von der vorliegenden Art sowohl durch ihre feinere Verzierung als auch durch andere in der Beschreibung der beiden Arten erwähnte Merkmale unterschieden.

Fundort. Clane, County of Kildare.

B. Brevicones.

Orthoceras perconicum, sp. nov.

Beschreibung. Die interessante Gruppe von Formen, der Barrande den Namen Brevicones gegeben hat, und von welcher eine grosse Anzahl Arten aus dem Böhmischen Silur-Becken von ihm beschrieben worden sind, ist in der Steinkohlenformation Irlands sehr selten; nur ein einziges Exemplar dieser Gruppe ist mir bekannt geworden. Dasselbe besteht aus sechs Luftkammern und der Wohnkammer. Die Schale hat die Form eines sehr kurzen Kegels; das Dickenwachstum ist ein sehr schnelles, ungefähr 1:2. Der Querschnitt ist schwach elliptisch. Das Verhältnis der beiden Durchmesser ist 29:35. Die Wohnkammer ist sehr gross, beinahe die Hälfte der ganzen Schale einnehmend, eine Erscheinung, die natürlich aus der kurz conischen Form der Schale hervorgeht. Nur die Suturen der Septa sind erhalten, die Septa selbst sind, wie ein Querschnitt zeigt, zerstört worden; sie liegen vollkommen horizontal. Der Sipho ist nicht erhalten. Das Exemplar misst 86 mm Länge, der grössere Durchmesser beträgt 47 mm; der kleinere 16 mm.

Verwandtschaften. Wenn man die Verwandtschaften dieser Art ausfindig machen will, so wird man sofort an eine Art erinnert, die von de Koninck unter dem Namen *Orthoceras cucullus* von Visé, Belgien, beschrieben worden ist. Die letztere besteht nur aus dem gekammerten Teile der Schale, so dass das Verhältnis der dazu gehörenden Wohnkammer nicht bestimmt werden kann. Der Grad des Dickenwachstums bei der irländischen Form ist viel höher als bei *Orthoceras cucullus*; die letztere Art wächst im Verhältnis von 1:3, die irische im Verhältnis von 1:2. Die Septa folgen bei beiden Arten fast in gleichen Abständen auf einander, sechs derselben treten in einem Raum von ungefähr 30 mm auf, wo die Durchmesser an dem berechneten Teile 14 mm resp. 29 mm betragen. Beide Arten sind leider nur unvollkommen bekannt. Bei *Orthoceras cucullus* fehlen die Wohnkammer und die Schale, bei *Orthoceras perconicum* fehlt der Sipho. Doch unterliegt die Verschiedenheit der beiden Arten keinem Zweifel. Eine andere von de Koninck (Descrip. Anim. Foss. Belg. 1842—44, p. 515, pl. 45, figs. 8,9) beschriebene Art stimmt mit *Orthoceras perconicum* in der schnellen Dickenzunahme überein, aber sie ist davon deutlich unterschieden durch die Verzierung ihrer Oberfläche, welche aus zahlreichen, deutlichen, transversalen Linien besteht, wogegen *Orthoceras perconicum* eine vollkommen glatte Schale hat.

Fundort. Clane, County of Kildare.

Orthoceras cinctum, J. de C. Sowerby.

(Min. Conch. vol. VI., 1829, p. 168, pl. 588, fig. 3.)

Das Original dieser Art, welches in der „Sowerby Collection" im British Museum (Naturwissenschaftliche Abteilung) liegen sollte, ist verloren gegangen, und daher ist nichts als Sowerby's kurze Beschreibung und die dieselbe begleitende Abbildung vorhanden, um die Identificierung der Art zu begründen. Sowerby's Beschreibung ist die folgende: „Schale fast cylindrisch, Oberfläche mit zahlreichen, scharfen, ringförmigen Streifen verziert; Sipho central. Bei dieser Art sind die Septa etwas mehr concav als gewöhnlich und weiter von einander entfernt. Sie ist am besten kenntlich durch die quergestreifte Oberfläche und scheint eine Schale anzudeuten, die ausserhalb des Tieres gebildet ist. Von Preston, Lancashire".

Die Kürze dieser Beschreibung und der skizzenhafte Charakter von Sowerby's Abbildung gewähren keinen genügenden Anhalt für einen sicheren Vergleich dieser Art mit den zahlreichen, gestreiften und mit Linien verzierten Formen von *Orthoceras*, die im Kohlenkalk von Irland, England und Belgien gefunden werden. Die Litteratur über *Orthoceras cinctum* zeigt es überdies klar, dass die Sowerby folgenden Autoren in ihren Versuchen nicht glücklich gewesen sind, Exemplare mit Sowerby's Art zu identificieren, da es leicht zu sehen ist, dass die verschiedenen Formen, denen der Name *Orthoceras cinctum* beigelegt worden ist, in der That nicht eine und dieselbe Art sind. Aus diesem Grunde möchte ich fast vorschlagen, den Namen *Orthoceras cinctum* nicht länger zu gebrauchen, da er eigentlich nur dazu angethan ist, Verwirrung hervorzurufen.

6. Allgemeine Schlussbemerkungen.

Man wird aus dieser kurzen Abhandlung gesehen haben, dass ich nicht beabsichtigte, eine erschöpfende Nachforschung der kritischen Bemerkungen und Synonymie aller Arten von *Orthoceras*, wie sie als in dem Kohlenkalk von Irland vorkommend genannt werden, zu unternehmen. Es werden sich jedoch unter den Beschreibungen der Arten gelegentliche Hinweisungen auf diesen Gegenstand gefunden haben. Es ist mein Zweck gewesen, nur solche Formen zu studieren, wie sie unter meiner eigenen Aufsicht gesammelt worden sind. Die meisten von ihnen habe ich mit den ihnen gleichartigen Formen in Dublin, Belfast, London und Brüssel verglichen, in welchen Städten die ausgedehntesten Sammlungen von Cepholopoden und anderen wirbellosen Tieren des Kohlenkalkes vorhanden sind. Das so zusammengebrachte Material hat, glaube ich, zur Kenntnis der Cephalopoden-Fauna beigetragen. Ungefähr 20 neue Arten sind den alten Listen zugefügt worden, einschliesslich einer neuen und merkwürdigen nautilusähnlichen Schale, die als Anhang zu dieser Abhandlung den Gegenstand einer besonderen kurzen Notiz bildet. — Ich erlaube mir hier zu erwähnen, dass meine Sammlung jetzt dem Museum für Kunst und Wissenschaft in Dublin angehört. — Die fünf Gruppen, in die ich die oben beschriebenen Arten eingeteilt habe, nämlich Laevia, mit den Untergruppen Cylindriformes und Moniliformes, Annulata, Angulata, Lineata und Imbricata, weisen verschiedene Verzierungselemente der Orthoceren auf, welche sie mit sehr geringen Abänderungen während der ganzen Zeit ihres Bestehens bewahrt haben. Es ist mir gelungen, in dreien der oben genannten Gruppen [Annulata, Angulata und Lineata (pars)] Spuren von Formen zu finden, welche mit einem hinlänglichen Grade von Gewissheit als in verwandtschaftlichen Beziehungen zu vorcarbonischen und carbonischen Formen anderer Gebiete stehend, zu betrachten sind.

Mit der Gruppe der Annulata den Anfang machend, sind die Formen, wie folgt: *Orthoceras dulce* Barrande aus dem Obersilur (Etage E) von Böhmen, *Orthoceras subannulare* Münster (Obersilurische und Devonische Arten, vielleicht verschiedene, jedoch nahe verwandte Formen), *Orthoceras laevigatum* M'Coy aus dem Kohlenkalk von Irland, *Orthoceras dactyliophorum* de Konin¢ck aus demselben Horizont in Belgien und Irland (?), *Orthoceras cylcophorum* Waagen und *Orthoceras oblique-annulatum*, Waagen aus dem „Productus-Limestone" der „Salt-Range" in Indien.

In der Angulata-Gruppe würde ich geneigt sein, *Orthoceras Bacchus* und *Orthoceras doricum* Barrande (Etage E, böhmisches Obersilur), *Orthoceras angulatum* Wahlenberg aus dem Obersilur von Schweden und *Orthoceras cutrichum* Whidborne aus dem Devon von England in Verbindung zu bringen mit *Orthoceras Wrightii* Haughton aus dem irländischen Carbon und mit *Orthoceras Puzosianum* de Koninck aus dem irländischen und belgischen Carbon.

In der Lineata-Gruppe gibt es eine Reihe von Formen, deren Schalenverzierung aus sehr dichten Längslinien oder aus Bändern besteht, welche ausserordentlich fein sein können, so dass sie für das unbewaffnete Auge kaum sichtbar sind, oder andererseits vergleichsweise grob, das heisst beinahe 2 mm breit. Solche Formen wie diese kommen im böhmischen Silur-Becken, wie auch im Devon von Bayern vor; im ersteren haben wir *Orthoceras dorulites* Barrande, *Orthoceras ambigena* Barrande und *Orthoceras despectum* Barrande, ferner *Orthoceras striato-punctatum* Münster aus dem Obersilur von Böhmen (Etage E) und dem Devon von Bayern. Es kann wohl sehr gut eine genetische Verbindung existieren zwischen den genannten und den folgenden carbonischen Formen: *Orthoceras striatum* J. de C. Sowerby, *Orthoceras Hibernicum* Foord und *Orthoceras pulcherrimum* Foord, von denen die erstere Art in Belgien und Irland, die beiden letzteren nur in Irland gefunden sind.

Man könnte wohl hoffen, einige devonische Arten von *Orthoceras* in der carbonischen Fauna von Irland wiederzufinden, da das Wiederauftreten von devonischen Arten anderer Fossilgruppen in carbonischen Ablagerungen eine feststehende Thatsache ist. (Siehe: A. Geikie, Text-Book of Geology, Aufl. 1882, p. 716; 3. Aufl. 1893, p. 801. H. S. Williams, Amer. Journ. Sci. 1895, p. 94). Es ist mir jedoch nicht gelungen, irgend eine solche Art zu finden. Zwar begegnet man dem Namen *Orthoceras laterale* Phillips (Pal. Foss.) häufig in den verschiedenen Listen irländischer Carbon-Versteinerungen, aber ich habe in den Sammlungen, welche ich hier und anderswo studierte, kein Exemplar finden können, das mit jener Art zu identificieren wäre. Ich will hier erwähnen, dass die kritischen Bemerkungen und Synonymie von *Orthoceras laterale*, die ziemlich verworren sind, in erschöpfender Weise von G. F. Whidborne (Pal. Soc., Devonian Fauna of the South of England, 1890, p. 144) behandelt worden sind. Whidborne sagt dort, dass die Beschreibung in Phillips „Palaeozoic Fossils" als die anzuerkennende Definition betrachtet werden müsste, und dass Phillips Name *Orthoceras laterale* nur für die devonische Form beibehalten werden sollte.

Die Constanz sowohl der äusserlichen als innerlichen charakteristischen Merkmale von *Orthoceras*, die während des ausserordentlich langen Bestehens dieser Gattung nur geringe Abänderungen erfahren haben, zeigt, dass ununterbrochen gleiche Verhältnisse in der Umgebung fortdauerten.

Der Wechsel in den Lebensbedingungen, denen eine Meeresfauna unterworfen ist, kann nur relativ gering sein gegenüber jenem Wechsel der äusseren Bedingungen, denen die Bewohner des Landes ausgesetzt sind. Günstige Nahrungszufuhr, gleichbleibende Temperatur und Reinheit des Wassers, ziemliche Sicherheit gegenüber den Angriffen anderer Tiere, würden die hauptsächlichsten Bedingungen sein, welche der längeren Ausdauer einer Gruppe günstig sind; — und man sollte vermuten, dass dieses Bedingungen wären, die für räuberische Tiere mit einer solchen Lokomotionsfähigkeit wie die Tintenfische, zu denen *Orthoceras* gehört, nicht zu schwer zu erlangen waren. In einigen Fällen mag ein Wechsel in lokalen und Lebensbedingungen vielleicht zu schnell herbeigeführt worden sein, um zu gestatten, sich demselben anzupassen; die Bildung einer Barre, das Emporheben des Meeresgrundes, wodurch ein begrenztes Areal des Meeres abgetrennt wurde, welches unzureichend für die Erhaltung einer grossen Fauna war, würde die allmähliche Vernichtung dieser Fauna verursacht haben. Ein solches Ereignis mag in Betracht zu ziehen sein für die ungeheure

Anhäufung der Schalen von *Orthoceras* und verwandter Formen (mit den Resten vieler anderen wirbellosen Tiere) in dem böhmischen Becken.

II. Ueber eine neue und merkwürdige nautilusähnliche Schale aus dem Kohlenkalk von Irland.

Acanthonautilus bispinosus, gen. et sp. nov.

Beschreibung. Schale nautilusähnlich, kugelförmig von mittlerer Grösse, schnell sich erweiternd, aus ungefähr zwei oder zweieinhalb Umgängen bestehend. Die Aussenseite ist weit gerundet bei der ausgewachsenen Schale, enger gerundet bei der jungen; Querschnitt halbkreisförmig. Der Nabel ist ziemlich gross, trichterförmig, von einem dicken Rande umgeben, welcher sich rechts und links nach vorn in je einen flachen, hohlen, stachelförmigen Auswuchs verlängert, der rechtwinklig zur Medianebene der Schale hervorspringt. Diese Stacheln sind an der Basis breit und verengen sich schnell gegen das äussere Ende; die Basis der Stacheln geht schwach concav in die Aussenseite der Schale über, während sie an der Innenseite direkt in die Nabelfläche übergeht. Vorne stossen die Stacheln gerade mit dem Mundrande zusammen, hinten mit der dicken Nabelkante, die Stacheln sind leicht gebogen, ihre concave Seite verliert sich in die Nabelhöhle. Beide Stacheln sind unvollkommen erhalten, der eine ist nahe der Basis abgebrochen. Der andere ist in der Länge von 53 mm erhalten. Der Mundrand, welcher mit ziemlicher Genauigkeit verfolgt werden kann, ist an beiden Seiten leicht vorwärts gebogen und bildet in der Mitte der Aussenseite einen breiten und flachen Sinus. Die Suturen der Septa, von denen nur 7 sichtbar sind, stehen mässig von einander entfernt; die beiden letzten sind etwas mehr genähert als die übrigen. Die Septa selbst sind durch die Ablagerung von Kalkspat in den Luftkammern vollkommen zerstört worden. Beim Herauspräparieren eines grossen Teiles dieser Ausfüllung wurde keine Spur der Septa und ebensowenig eine Andeutung des Sipho gefunden. Der grösste Durchmesser der Schalle misst 16 cm (von der Mundöffnung zu einem diametral entgegengesetzten Punkte gemessen). Der transversale Durchmesser, quer über die Schale an der Basis der Stacheln gemessen, beträgt 13,5 cm.

Verwandtschaften. Da nur ein Exemplar vorliegt, so ist die Beschreibung der Art in die der Gattung einbegriffen. Es ist ein unglücklicher Umstand, dass der Sipho bei dieser merkwürdigen Form nicht erhalten ist, da die Verwandtschaftsverhältnisse zu *Solenocheilus (Asymptoceras Hyatt)* nicht erwiesen werden können; obgleich, der allgemeinen Form der Schale zufolge und wegen ihres Vorkommens in demselben Steinbruch, in welchem Exemplare jener Gattung in grosser Menge gefunden wurden, eine solche Verwandtschaft sehr möglich sein könnte. Eine ähnliche Schale, *Nautilus (Solenocheilus) Leidyi*, ist von Meek and Worthen (Keokuk Beds, Lower Carboniferous, Warsaw, Illinois. Geological Survey, Illinois. V. 1873. p. 524, pl. 18, figs. 2,2 a.) folgendermassen beschrieben worden: „The only specimen seen consists of the non-septate portion only. Sub-globose about 2½ volutions . . . . Towards the aperture the steep, somewhat flattened inner side of the volution forming the walls of the umbilicus meets the lateral margins, so as to form a kind of pinched prominence, that must have imparted a peculiar angularity to the inner margins of the aperture on each side." Dass diese kleinen Vorsprünge jedoch die Basis von stachelartigen Auswüchsen darstellen, wie sie *Acanthonautilus bispinosus* kennzeichnen, würde man kaum folgen können. Wie bei *Acanthonautilus bispinosus* ist der Sipho von *Solenocheilus Leidyi* auch unbekannt, und die von Meek und Worthen beschriebene Schale stimmt im allgemeinen mit *Acanthonautilus bispinosus* überein.

Bemerkungen. Das Auftreten der Stacheln, welches ohne Analogie bei irgend einer anderen nautilusähnlichen Form dasteht, ist der auffallendste Charakter dieses Fossils, und es würde von grösstem Interesse sein, die Entwicklung von der jungen Schale bis zur erwachsenen zu verfolgen. Der Zweck, den diese oben beschriebenen Auswüchse hatten, kann nur gemutmasst werden; aber dass sie zum Schutze dienten, ist sehr wahrscheinlich.

Fundort. Clane, County of Kildare.

Litteratur.

Baily. W. H., Figures of Characteristic British Fossils; with descriptive Remarks. Vol. I. Palæozoic. 1867—75.
Blake, J. F., British Foss. Cephalopoda. 1882.
D'Archiac and de Verneuil, On the Fossils of the Older Deposits in the Rhenish Provinces, etc. Trans. Geol. Soc. London. Vol. VI. 1842.
De Koninck, L. G., Descrip. Anim. Foss. Belg. 1844.
Faune Calc. Carb. Belg. 1880.
Foord, A. H. Catalogue Foss. Cephalopoda, British Museum (Nat Hist.). Part. I. 1888.
Geikie, Sir Archibald, Text-Book of Geology. 1882. and 3rd. Edition. 1893.
Geological Survey of the State of Illinois; (A. H. Worthen, Director).
Griffith, Sir Richard, Localities of the Irish Carboniferous Fossils, etc. Journal of the Geological Society of Dublin. Vol. IX. 1860—62.
Haughton. Samuel, On some New Orthocerata from the Carboniferous Limestone of the Neighbourhood of Cork and Clonmel. Journal of the Royal Dublin Society. Vol. II. 1858—59. p. 241. pl. V.
Hull. E., Physical Geography and Geology of Ireland. 1878.
Kinahan. G. H., Geology of Ireland. 1878.
Mc. Coy, F. J., British Pal. Foss. 1855.
Synop. Carb. Foss. Ireland 1844.
Mc. Henry, A., and W. W. Watts, Guide to the Collections of Rocks and Fossils belonging to the Geological Survey of Ireland 1895.
Memoirs of the Geological Survey of Ireland.
Münster. Graf von, Beiträge zur Petrefaktenkunde. Heft III. 1840.

Phillips, J., Pal. Foss. Cornwall, Devon and West Somerset. 1841.
— Geol. Yorkshire. Part II. 1836.
Portlock, J. E., Report Geol. Londonderry. 1843.
Sandberger, G. and F., Die Verstein. Nassau. 1856.
Sowerby, J. and J. de C., Mineral Conchology of Great Britain.
Waagen, William, Mem. Geol. Surv. India. Palæontologia Indica. Ser. XIII. Salt-Range Fossils. Vol. I., Productus Limestone Fossils. 1887.
Whidborne, G. F., Palæontographical Society. Devonian Fauna of the South of England. 1890.
Williams, H. S., On the Recurrence of Devonian Fossils in Strata of Carboniferous Age. American Journal of Science. Vol. XLIX. 1895. p. 94.